판타스틱 우울백서

판타스틱 우울백서
서귤의 정신과 치료일기

초판 1쇄 발행 2019년 5월 30일
초판 3쇄 발행 2022년 2월 15일

지은이 서귤
펴낸이 황남희
책임편집 손선일, 안지혜, 황부농
디자인 스튜디오 티끌

펴낸곳 이후진프레스
출판등록 2018년 1월 9일(제25100-2018-000002호)
이메일 2huzine@gmail.com
인스타그램 @now_afterbooks

ISBN 979-11-962955-4-7 (07810)
값 14,000원

이후진프레스는 독립책방 이후북스의 출판 브랜드입니다.

판타스틱 우울백서

서늘의 정신과 치료일기

차례

PART 1
난 어쩌다 기분장애에 걸렸을까 ── 10

PART 2
어디가 힘들어서 왔어요 ── 34

PART 3
탈기분장애의 고지가 멀지 않았다 ── 78

PART 4
혹시 나 생각한 것보다 평범한가 ── 102

PART 5
정신과 다니는 걸 왜 알리고 싶어요 —— 138

PART 6
그런 보통 날, 보통 삶 —— 164

PART 7
비하인드 서글백서 —— 174

PART 8
끝난 줄 알았죠 —— 190

PART

난 어쩌다 기분장애에 걸렸을까

1

더 비기닝

그때

첫 책

첫 책 《고양이의 크기》는 그렇게
유작이 될지도 모른다는 생각으로 만들었다

지금도 이 책을 보면
그때의 절박했던 내가 떠올라 마음이 아리다

노력

엄습

단 몇 초의 응원이라도

참고 : 기묘나, 《내 방구같은 만화》, 호랑이출판사, 2017

PART

어디가
힘들어서
왔어요

2

초진

인식

약의 힘

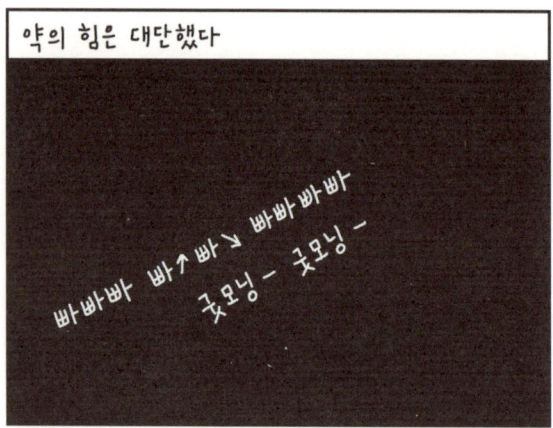

약의 부작용

다짐

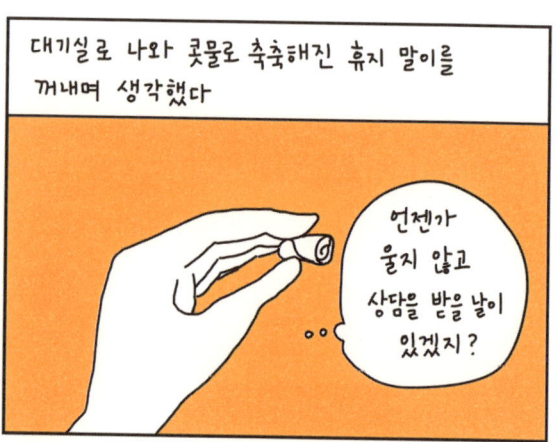

술

어디가 힘들어서 왔어요

말할 수 없는 병원

습관

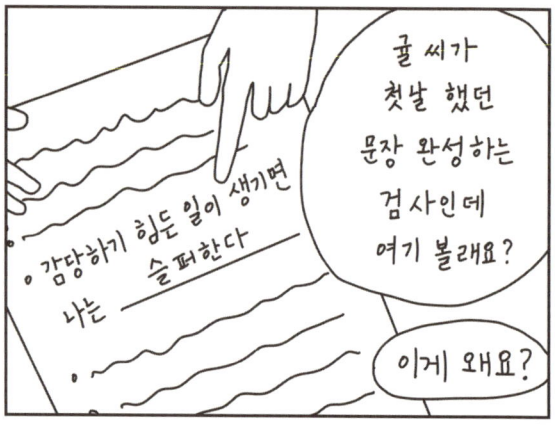

단톡방

*팁

위로 올리고 싶은
 채팅방을 꾸욱 누르고
'채팅방 상단 고정'을
 누르면 해결됩니다

상담

기억

과정

너의 이름은

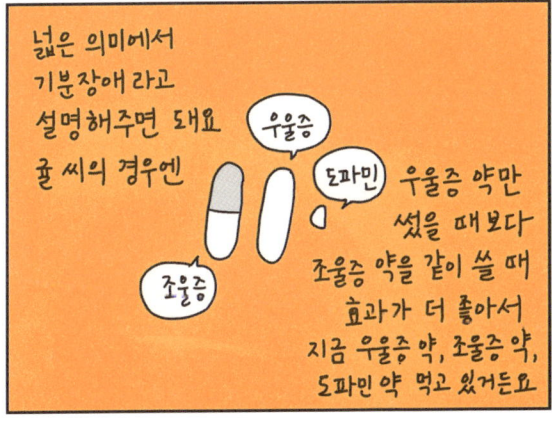

화살

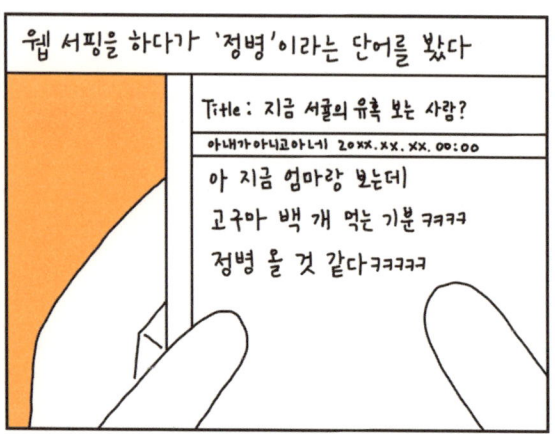

굳이 찾아보지 않아도 '정신병'의 줄임말임을 알았다

언젠가 책에서 '언제 한 번 보자', '살펴보니' 같은 말이 시각장애인을 고려하지 않은 표현이라는 글을 읽고 놀란 적이 있다

참고 : 정희진, 《페미니즘의 도전》, 교양인, 2013

만일 이 기분장애라는 병이 나에게 긍정적인 것을 남긴다면, 그건 '정신장애인'이라는 소수자로서의 예민함이기를 바란다. 차별과 비하의 대상이 되어본 자의 비슷한 이들을 향한 연대 의식이기를 바란다.

한국의 장애인복지법에서는
조현병, 조울증, 우울증으로 인해
1년 이상 지속적인 치료를 받았음에도
호전의 기미가 전혀 없는 경우에
정신장애인으로 인정하여
복지 혜택을 주고 있습니다.
(보건복지부 장애인 등록 '11년 시행 기준)

저는 이러한 장애 판정을 위한
법률적 용어 규정이 아닌,
포괄적 의미에서
'정신장애를 가지고 있는 사람'인
스스로를 가리키기 위해
정신장애인이라는 용어를
사용했습니다.

PART

탈기분장애의
고지가
멀지 않았다

3

변화

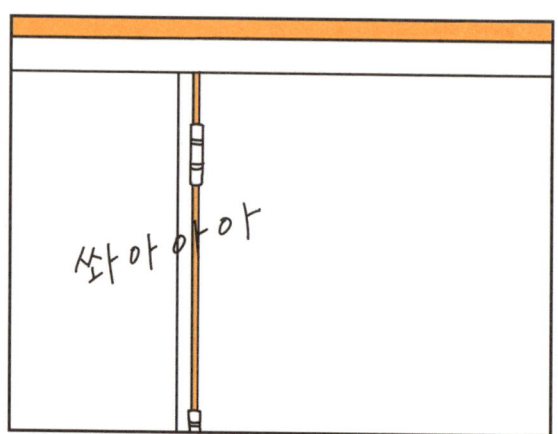

파티

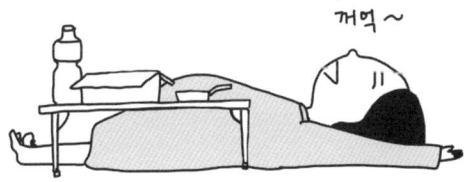

깜빡

또 하나의 굴

간에 대하여

봄날

탈기분장애의 고지가 멀지 않았다

PART

혹시 나
생각한 것보다
평범한가

4

다시

운이 좋았다고 말할 수밖에 없었다

이어폰을 꽂은 채로 도어락 비밀번호를 입력하는 내 뒤에 있던 그 괴한은

혹시 나 생각한 것보다 평범한가

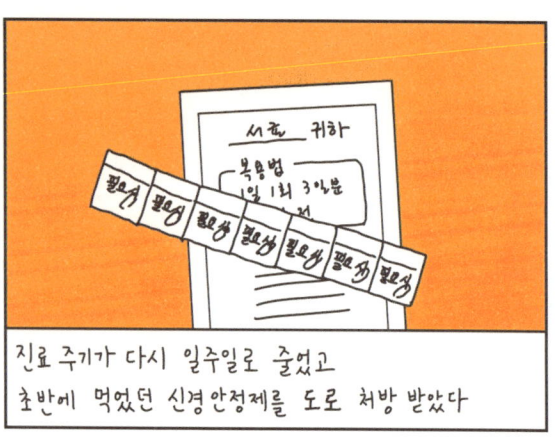

무너짐

혹시 나 생각한 것보다 평범한가

불안 증세 둘. 어두울 때 밖을 다니지 못한다

꿈

혹시 나 생각한 것보다 평범한가

평범

결정

혹시 나 생각한 것보다 평범한가

성공

혹시 나 생각한 것보다 평범한가

모험

혹시 나 생각한 것보다 평범한가

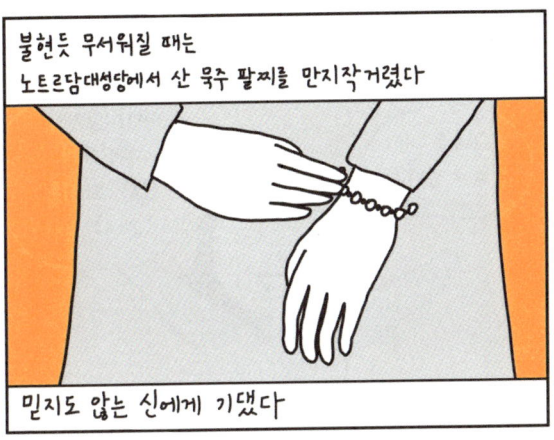

처음 있는 일

혹시 나 생각한 것보다 평범한가

노래

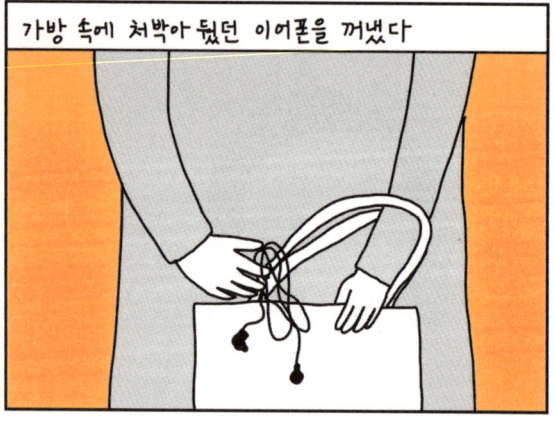

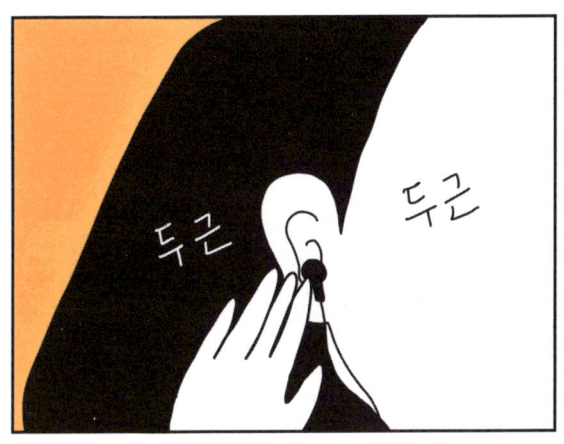

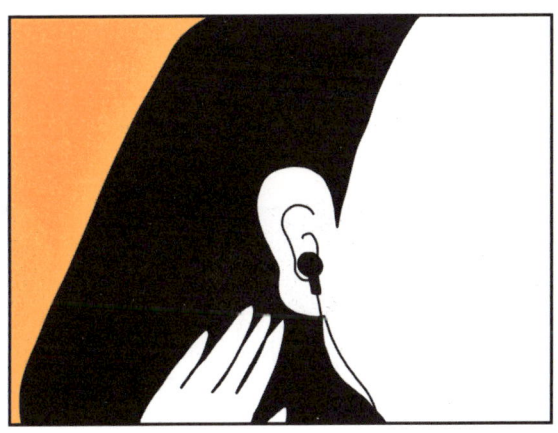

혹시 나 생각한 것보다 평범한가

참고 : 임현정, 〈소리 없이 지나가요〉 노래 가사

소리 없이 지나가요

혹시 나 생각한 것보다 평범한가

PART

정신과
다니는 걸
왜 알리고 싶어요

5

내적 갈등

타닥 타닥

책을 만들고 있다

득과 실

반대로, 정신과 치료를 밝히지 않았을 때 예상되는 일

없음

(지금과 똑같음)

바람

존중

그때, 의사 선생님과 부모님에 대해 상담하면서 나눴던 대화가 생각났다

타이밍

생각

PART

그런
보통 날,
보통 삶

원흉

캡슐에 들어가는 약의 양을
반으로 줄일 거예요
이게 식욕을 증진시키는 기능이 있어서
평소보다 밥맛이 좀 없어질 수 있어요

잡았다, 이놈

그동안 살이 찐 건 내가 돼지라서가 아니라
이 약 때문입니다

진행형

PART

비하인드
서귤백서

7

전작인 《고양이의 크기》는 픽션이고 《책 낸 자》, 《환불 불가 여행》은 일기처럼 그린 만화입니다. 일상을 자연스럽게 이야기로 잘 만드시는 것 같아요. 《판타스틱 우울백서》는 다른 작품들보다 좀 더 에너지랄까 각오가 필요했을 것 같은데요. 《판타스틱 우울백서》를 그린 특별한 계기가 있나요?

── 다른 작품에 비해 특별히 더 많은 각오를 하지는 않았습니다. 가끔 정신과 치료 경험을 공개한 일에 관해 용기 있다는 얘기를 해준 분도 계시는데요. 너무 감사하지만 사실이 아니라고 생각합니다. 저도 어디까지나 제가 다치지 않을 심리적 영역을 따지고 또 따져서 안전한 부분만 드러낸 것이기 때문에, 용기와는 무관하다고 느낍니다.

사실 처음에는 정신과 치료에 대한 책을 낼 생각이 없었어요. 이미 좋은 책이 많이 나왔다고 생각했거든요. 그런데 제가 전작 《환불 불가 여행》에서 정신과 진료 사실을 밝히고, 인스타그램 계정에 그림일기를 올리면서 치료 사실을 몇 번 언급했더니 문의가 꽤 왔어요. 아, 아직 사람들이 정신과 치료에 대해 궁금한 게 많구나 하는 생각이 들어서 책으로 내자고 결심했습니다. 동기 부여 측면에서는 내 경험이 누군가에게 작은 도움이 될 수도 있겠다는 생각이 들었고, 비즈니스 측면에서는 수요가 있겠다 싶었습니다.

《판타스틱 우울백서》를 SNS에 연재할 때 반응이 좋았습니다. 연재하면서 즐거운 점과 힘든 점은 무엇이었나요?

─○ 여러 독자분들이 댓글이나 메시지로 적극적으로 자신의 이야기를 들려주셔서 즐거웠습니다. 저는 사실 지금까지 언제나 저 자신만을 위해 작품 활동을 해왔어요. 누군가를 위한다거나 사회에 어떤 변화를 주고 싶다거나 이런 것은 저에게 너무 과분한 목표이고 어떤 면에서는 오만한 생각이라고 느꼈거든요. 하지만 이번 작품을 하면서는, 단지 나를 위해서 시작한 이 창작행위가, 얼굴도 이름도 모르는 누군가를 지지하고 응원하는 활동이 될 수가 있다는 걸 경험했어요. 정말 행복한 시간이었습니다.

힘들었던 점은 그림 작업을 하면서 어깨가 매우 아팠습니다.

연재 도중에 언급하기 어렵거나 혹은 조심스러운 부분이 있었나요?

─○ 저 자신에 관해서 이야기하는 건 하나도 조심스럽지 않았는데, 가족이나 회사 동료 등 타인에 대해 언급하는 게 굉장히 신경을 많이 쓰게 되더라고요. 아무래도 정신과 치료를 다룬 만화에 출연시킨다는 것 자체가, 슬프지만 그 캐릭터의 모델이 된 실제 인물들에게 부담을 지우거나 불필요한 이미지를 덧붙이는 것 같아서요. 그래서 이야기가 좀

얄팍해지는 단점을 안고서라도 주인공인 서귤 중심으로 이야기를 구성했습니다.

중요한 조연이기도 한 히로스에 료코를 닮은 정신과 선생님은 《판타스틱 우울백서》에 등장하는 걸 알고 계셨나요? 아셨다면 반응이 궁금한데요.
─○ 사실 제가 상담하면서 선생님이 중요한 등장인물로 나오는 만화를 그릴 거라고 얘기를 드리긴 했거든요. 나중에 선생님이 하시는 말씀이, 본인 환자 중에서 어떤 분이 우연히 제 만화를 보시고 선생님이랑 똑같이 생긴 사람 나온다고, 말하는 것도 너무 똑같아서 음성 지원된다고 혹시 본인 아니냐고 그러셨대요. 제 그림이 좀 많이 정교한 리얼리즘에 바탕을 두고 있잖아요? 사진 아니냐는 댓글도 많이 달리는데요. 그래서 선생님이 너무 궁금해서 인스타그램에서 찾아보셨대요. 재밌어하셨어요. 본인도 보면서 환자 입장을 더 잘 이해할 수 있게 돼서 도움이 됐다고 말씀해주셨습니다. 감사할 따름이죠.

가족들도 연재할 때 보셨나요?
─○ 연재를 아마 보지 않았다고 생각합니다. 부모님은 인스타그램을 안 하시고 오빠와는 팔로워 관계가 아니거든

요. 정신과 치료 일기를 책으로 낼 거라는 건 부모님께 말씀 드렸어요. 가끔 책이 언제 나오냐고 물어보십니다. 이 책에는 특히 아버지가 짧지만 중요한 역할로 나오시는데, 제법 멋있게 나오니까 보시면 아마 좋아하시지 않을까 생각합니다.

최근 상담 주기는 어떤가요? 서굴님께 상담을 상담하는 분들도 있지 않았나요?

—ㅇ 최근에는 3주마다 가고 있습니다. 한 1년 정도 계속 이 페이스로 가고 있어요.

지인들에게 상담을 요청받은 적은 없습니다. 대신 자기도 정신과 치료를 받는다고 밝히는 친구들이 있었어요. 그럼 병원 얘기도 하고 약 먹은 후기도 나누고 아주 신이 나서 수다를 떱니다. 너무 재밌어요.

온라인을 통해서는 상담을 청하시는 분들이 가끔 있었어요. 제가 전문가도 아니고 치료를 아주 오래 받은 것도 아니고 여러 병원에 다녀본 것도 아니어서 사실 대답해드리기가 아주 조심스러웠습니다. 하지만 그분들이 절대 가벼운 마음으로 상담을 청하시는 게 아니거든요. 보면서 눈물이 핑 돌 정도로 가슴 아픈 이야기도 있있고요. 그 마음에 제가 답해드릴 수 있는 최대한으로 응해드리려고 노력했습니다. 다만 저 자신이 그분들의 상황이나 감정에 휩쓸리지는 않으려고 주의했어요. 저는 저, 그분들에게는 그분들만의 사정이 있는 거니까요. 그 경계는 지켜야 한다고 생각했어요. 그게 상대를 존중하는 방식이고 저를 지키는 방법이라고 생각했습니다.

정신과 상담에도 장단점이 있을 것 같은데요. 상담 후에 기분이 더 악화하는 경우는 없나요?

—o 장점은 기분이 안정된다는 것이고 단점은 가기 귀찮다는 것입니다. 특히 평일에 야근이 많아서 주말에 예약을 잡으면, 저 같은 집순이는 가기가 얼마나 힘들던지요. 하지만 열심히 갔습니다. 한 번도 빼먹은 적은 없습니다. 상담을 하고 약을 먹으면 그렇지 않을 때와 비교해서 말도 못하게 씩씩하고 경쾌하게 살 수 있는데, 그런 삶을 잃고 싶지 않아요.

매 화 유머 코드가 들어가 있습니다. 저도 엄청 웃으며 봤습니다. 유머는 자연스레 나오는 건가요? 아니면 웃음을 유발하려고 꽤 신경 쓰며 그리는 건가요?

—o 굉장히 노력합니다. 3화 이상 진지함이 계속되면 콘티를 고쳤습니다. 약간 웃기려는 집착이 있습니다. 상담할

때, 선생님은 제가 불안을 유머로 비트는 방어기제를 갖고 있다고 하셨어요. 유머는 제가 삶에 맞서는 무기입니다.
저는 이 만화에서 웃음 코드가 정말 중요한 역할을 하고 있다고 생각해요. 작가인 저와 주인공 서귤과 보시는 독자분들이 자기 연민이라는 유혹에 빠지지 않게 도와주고 있습니다. 스스로를 불쌍히 여기고 싶은 순간이 많았는데, 그때마다 드립을 날리면서 잽싸게 빠져나왔습니다.

작가님은 대부분의 댓글을 다 읽는 거 같아요. 응원의 글이 많아 보이지만 안 좋은 의견은 없었나요?

—o 안 좋은 의견도 당연히 있습니다. 하지만 그 댓글도 누군가의 의견이기 때문에 지우지 않습니다. 만일 합리적인 비판일 경우에는 감사하게 생각하고 반영하려고 노력합니다. 노력은 했는데 잘 됐는지는 모르겠습니다.
실은 저를 예쁘다 예쁘다 해주시는 댓글이 대부분이어서 연재하는 내내 몸 둘 바를 모를 정도로 감사하고 즐거웠습니다.

댓글에 영향을 많이 받는 편인가요?

—o 영향을 많이 받습니다. 댓글에서 귀업다고 하면 정말 귀여운 줄 압니다.

악플이라고 말할 정도의 댓글은 없었지만, 가끔 좀 뜬금없는 시비조의 댓글이 달릴 때가 있었어요. 그럴 때는 지인에게 전화를 해서 흉을 봅니다. 뒷담화 좋아해요.

《내 방구같은 만화》를 읽고 영향받았다고 언급했는데 그 외에 동기가 된 책이나 영화 등의 자료들이 있었나요? 같이 보길 권하는 책이 또 있다면 알려주세요.
—◦ 서귤의 《고양이의 크기》, 《책 낸 자》, 《환불 불가 여행》, 《파리타임》을 같이 보시길 권합니다. 명작이죠. 《판타스틱 우울백서》를 포함하여 서귤 전집을 SNS에 인증해주시는 분들께는 제가 아이디를 엉덩이로 이름 쓰기로 써드리겠습니다.
사실 우울할 때 봐서 좋은 책이나 영화는 안 우울할 때 봐도 좋습니다. 우울증에 필요한 건 책이 아니라 적절한 치료와 주변의 이해와 공감이라고 생각합니다.

《책 낸 자》에 책을 내면 다음 책을 낼 수 있다고 나오죠. 그 외에 책을 낸 다음의 서귤은 무엇이 달라졌나요?
—◦ 어느 순간 작품 활동이 저의 취미나 꿈을 위한 노력이 아니라, 생활이고 직업이 되어있더라고요. 세 권의 책을 내는 동안 많지는 않지만, 꾸준히 저를 응원해주시는 분들

이 생기면서 제법 견고한 '작가'라는 정체성이 만들어진 것 같아요. 미미하게나마 수익이 생겼다는 점도 무시할 수 없는 변화고요. 지금은 두 개의 직업 - 수익의 대부분을 차지하는 회사와 행복의 대부분을 차지하는 작품 활동 - 을 병행하는 생활예술인으로서 살고 있습니다.

회사 생활과 작품 활동을 (그것도 잘) 이어나가는데 비결이 있을까요?
—◦ 잘하려는 마음을 포기합니다. 그냥 합니다.

작업 방식에 대해 자세히 좀 알려주세요. 중요하게 여기는 요소도 있다면 공개해주시기 바랍니다.
—◦ 연필로 연습장에 콘티를 짭니다. 콘티를 다 끝내면 태블릿으로 그림 작업에 들어갑니다.
중요하게 여기는 요소는 콘티입니다. 토대를 만족스럽게 만들어 놓지 않으면 중간에 흔들리거든요. 그리고 작업 스케줄을 짤 때에 고양이들과의 시간을 잘 안배해야 합니다. 자칫 작업에만 몰두했다가는 똥테러를 맞을 수 있습니다.

'걱정할 시간에 작업하자'가 좌우명인 것으로 알고 있습니다. 매일 작업하시나요? 작업하지 않는 시간에는 무엇을 주로 하시죠?

—◦ 출간 계획이 잡히면 그때부터는 주 6일 정도로 작업하려고 노력합니다. 작업량은 그때그때 다른데 평일엔 퇴근 후에 1~2시간 정도, 주말엔 5~6시간 정도 합니다. 일주일에 하루는 놀아요. 이불에 누워서 발가락 사이를 파고 방귀를 뀌면서 스마트폰을 합니다.

사람마다 자존감을 지키는 방법이 있잖아요. 저는 그게 창작 활동인 것 같습니다. 작업을 하면 그걸 하는 저 자신이 가치 있게 느껴져요. 반대로 작업을 안 하면 스스로가 막 하찮게 느껴지고 기운이 빠집니다. 이게 좋은 현상이 아니라는 건 알아요. 저도 제 자존감을 높이는 수단을 여러 개의 달걀 바구니에 나누어 담고 싶어요. 아직은 방법을 잘 모르겠어서 찾고 있습니다. 지금으로서는 여행이 달걀 바구니 후보입니다.

어떤 것들을 걱정하시나요?

—◦ 책이 너무 잘 팔리면 종합소득세 신고를 할 때 세무사를 고용해야 할 텐데 믿을 만한 사람을 어떻게 찾으면 좋을지 걱정합니다.

대체로 독자들의 반응을 걱정합니다. '내가 봤을 땐 재밌는데 보는 분들은 안 그러면 어쩌지.' 이럴 때 답은 그냥 계속 내가 재밌는 대로 작업하는 것 외에는 없습니다.

작품에 대한 본인의 만족도는 어느 정도 되나요? 전작들을 포함해서요.

—ㅇ 언제나 만족도 100퍼센트입니다. 최선을 다해서 안간힘을 썼다는 것을 제가 잘 알기 때문입니다. 부족한 점이 있는 건 당시에 제가 거기까지였기 때문입니다. 제 작품이 저를 넘어설 수는 없으니까요. 지나고 나서 과거에 낸 작품에서 부족한 점이 보이거나 아쉬우면, 저는 기쁩니다. 현재의 제가 과거의 자신보다 성장했다는 증거니까요. 음. 성장은 좀 지나치게 긍정적인 단어네요. 적어도 정체하지 않고 변화했다는 증거니까요.

평소 존경하는 작가나 영향을 많이 받은 작가가 있는지 궁금하네요.

—ㅇ 《어제 뭐 먹었어?》 등의 작품을 쓴 요시나가 후미 작가를 좋아합니다. 《모방범》 등의 작품을 쓴 미야베 미유키 작가도 정말 좋아하고요. 나쁘기도 하고 착하기도 하지만 어디까지나 인간다움을 잃지 않는 인물들이 마음에 들어

요. 저도 그런 인물을 만들고 싶습니다. 언젠가 이 작가님들과 콜라보를 할 계획입니다. 그분들은 모르십니다. 요시나가 후미님, 미야베 미유키님, 사랑합니다.

《판타스틱 우울백서》를 꼭 읽어주었으면 하는 이들이 있나요?
— 작가는 독자를 절대 선택할 수 없다고 생각하기 때문에 추천하거나 꼭 읽어주었으면 하는 사람들은 별도로 없습니다.

《판타스틱 우울백서》 연재 후 달라진 점을 꼽자면요?
— 인스타그램 팔로워가 많이 늘었고요. 팔로워가 느니까 광고 제의가 들어오더라고요. 이 추세를 보면 제가 좋아하는 가수 박지훈 씨와 함께 광고를 찍을 날도 머지않은 것 같습니다. 1일1팩 하면서 준비하겠습니다. 박지훈 씨, 사랑합니다.

좋아하는 아이돌 1위, 2위, 3위는요?
— 1위 박지훈, 2위 유노윤호, 3위 장우혁인데요. 써놓고 보니 너무나도 연식이 드러나는 리스트라서 굉장히 뭐랄까 발가벗겨진 것만 같고 괴롭습니다.

박지훈 3행시 지어보세요.
- 박 박지훈
  지 지금까지
  훈 훈훈했고 앞으로도 훈훈할 그 이름 내 통장을 가져라 레츠기릿

인간 서귤의 목표는 무엇인가요?
- 고양이를 키우는 행복하고 건강한 할머니가 되는 것입니다.

고양이 마노는 서귤님을 싫어하는 걸로 보입니다. 맞나요?
- 고양이 마노는 모든 고양이와 사람을 매우 싫어하는데요. 그중에서도 저는 약간 싫어하는 편이기 때문에, 상대적으로 보았을 때는 좋아하는 편인 걸로 해석할 수 있습니다.

그림 그릴 때 고양이가 주는 영향이나 효과가 있을까요?
- 전적으로 긍정적인 효과가 있습니다. 저는 그림 그리는 모든 사람이 고양이를 키워야 한다고 생각합니다. 태블릿에 드러눕거나 키보드를 밟거나 콘티북을 찢어서 제가 너무 과하게 작품에 몰입하여 건강을 해치는 일이 없도록

도와줍니다. 제가 오래 산다면 다 고양이 때문일 것입니다.

식사는 잘 챙겨 드시나요? 좋아하는 음식이 있다면요? 귤 빼고요.
—◦ 이 질문은 인터뷰어의 자질을 의심하게 하네요. 귤을 빼고 좋아하는 음식을 어떻게 논할 수 있습니까?

글도 잘 쓰신다고 소문을 들었습니다.
—◦ 그 소문 많이 내주시면 감사하겠습니다. 글이 많은 책도 곧 출간될 예정입니다.

그 책도 기대가 되네요. 서귤이 생각하는 서귤 TMI(too much information)는 뭘까요? 알 필요는 없지만 알려주고 싶은 것을 하나만 말씀해주세요.
—◦ 베스킨라빈스31에서 제일 좋아하는 메뉴는 '엄마는 외계인'입니다.

다음에는 엄마는 외계인을 먹으면서 인터뷰를 합시다. 고맙습니다.
—◦ 법인 카드로 사주세요. 미리 고맙습니다.

PART

끝난 줄
알았죠

후기만화

8

충격 고백

인간의 일

부둥부둥

폭발

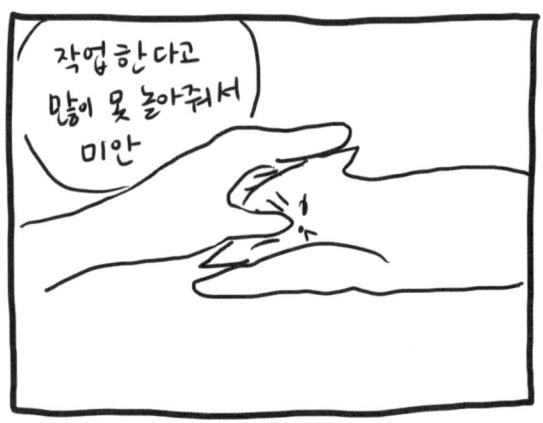

잘한 일

오동통 크루

앙갚음

3개월간 연재를 하며 많이 들은 말

고맙습니다
응원합니다

그저 보통인 우리에게
이 책을 바칩니다.